शायरी झंकार नहीं

अरुणोदय प्रकाशन

21-ए, अंसारी रोड, दरियागंज, नई दिल्ली-02

शायरी झंकार नहीं

सारा शगुफ़्ता

संपादक

डॉ. शाहीना तबस्सुम

ISBN : 81-88473-36-8

अरुणोदय प्रकाशन
21-ए, अंसारी रोड, दरियागंज, नई दिल्ली-02
द्वारा प्रकाशित

प्रथम संस्करण : 2006

आवरण : वाणी चित्रांकन
जयभारत प्रिंटिंग प्रेस, दिल्ली-110032
द्वारा मुद्रित

मूल्य : 100.00

SHAYARI JHANKAAR NAHIN
by **Sara Shagufta**
Edited by Dr. Shaheena Tabassum

भूमिका

सारा शगुफ़्ता पाकिस्तान की एक बेनज़ीर शायरा थी। 1980 में जब वह पहली और आख़िरी बार भारत आई थी तो दिल्ली के अदबी हल्क़ों में उसकी आमद से काफ़ी हलचल मच गई थी। वह आम औरतों की तरह की औरत नहीं थी। दिल्ली के कॉफी हाउस मोहनसिंह प्लेस में मर्दों के बीच बैठकर वह विभिन्न विषयों पर बहस करती थी। बात-बात पर क़हक़हे लगाती थी। पर्दे की सख़्त मुख़ालिफ़त करती थी और नारी स्वतन्त्रता के लिए आवाज़ बुलन्द करती थी। यही नहीं वह आम शायरात की तरह शायरी भी नहीं करती थी। ग़ज़लें लिखना और सुनना उसे बिलकुल पसन्द न था। छन्द और लयवाली नज़्मों से भी उसे कोई लगाव नहीं था। वह उर्दू की पहली 'ऐंग्री यंग पोएट्स' थी और यही ऐंगरनैस उसकी कविता की पहली और आख़िरी पहचान कही जा सकती है लेकिन उसकी कविता में इस ऐंगरनैस की अभिव्यक्ति जिस रंग और अन्दाज़ में हुई है उससे दर्द और दर्दमन्दी के एहसासात उभरते हैं और कविता पढ़ने-सुनने वालों को उदास कर देते हैं। अपनी एक कविता 'आँखें साँस ले रही हैं' में वह कहती है :

"मेरे जज़्बे अपाहिज कर दिए गए हैं
मैं मुकम्मिल गुफ़्तुगू नहीं कर सकती
मैं मुकम्मिल उधार हूँ
मेरी कब्र के चिरागों से हाथ तापने वालो!
ठिठुरे वक़्त पर एक दिन मैं भी काँपी थी।"

मुझे याद है उस दिन मैं भी काँपी थी जब सारा शगुफ़्ता की मौत की ख़बर सुनी थी। उसकें वुजूद की तरह उसकी दर्दनाक मौत भी एक

पहेली थी। किसी नौजवान लड़की का खुदकुशी के लिए ट्रेन के आगे लेट जाना और फिर एक धड़धड़ाती हुई ट्रेन का उस पर से गुज़र जाना। एक ज़िन्दा जिस्म का कटकर तीन टुकड़ों में बँट जाना। ख़ून का रेल की पटरियों से बहकर पत्थरों में जज़्ब हो जाना। वाक़ई कितना दर्दनाक नजारा होगा?

अहमद सलीम ने लिखा है कि जिस लम्हे उसे मरना था घर से निकलते वक़्त उसने अपनी चूड़ियाँ उतारकर रख दी थीं। इसलिए कि बेटे ने पहनाई हैं टूट जाएँगी। वह सिर्फ दो दिन पहले अपने उस बेटे और दूसरे दो बच्चों से मिलकर आई थी जिन्हें उसके शौहर ने कई बरस पहले उससे छीन लिया था और जिनके लिए वह इतने दिनों जी पाई। जब उसका जिस्म टुकड़े होकर गिरा उसकी टूटी हुई चप्पल पटरी के तारों में फँसी हुई रह गई, उस लम्हे उसने जीना चाहा था।

अपना छोटा-सा घर बसाने, शौहर और उसके घरवालों की मोहब्बत पाने और एक खुशगवार दाम्पत्य जीवन गुज़ारने की आरजू में सारा शगुफ़्ता ने एक के बाद एक तीन शादियाँ कीं लेकिन प्यार तो मानों उसकी क़िस्मत में ही नहीं था। तीसरी शादी के कड़वे तजुर्बे और नाकामी ने आख़िरकार उसे कराची हस्पताल के पागलख़ाने में पहुँचा दिया जिसकी दुखभरी दास्तान ख़ुद सारा शगुफ़्ता ने इन शब्दों में लिखी है :

''मेरा शौहर बेवजह मुझे इतना मारता कि जिस्म पर नील पड़ जाते ...बेक़ुसूरी की सज़ा जुर्म से बड़ी होती है। वजह यह थी, वह मेरी शायरी से डरा हुआ था और एहसासे-कमतरी की वजह से मुझ पर ज़ुल्म करता। हालाँकि मैं उसके बूट पॉलिश तक करती, तमाम घरवालों के कपड़े धोती, फ़ाक़ा बर्दाश्त करती, सास-ननदों की गालियाँ सुनती। मुझे पड़ोस में जाने तक की इजाज़त नहीं थी। हर बात पे मुझे आवारा कहा जाता हालाँकि मेरे पास चवन्नी तक न थी। उसने शादी कुत्ते की तरह लोट-लोट कर की थी शादी के तीसरे रोज़ वह गिरगिट की तरह रंग बदल गया। मैं चूड़ी की तरह टूट गई और चारदीवारी की पनाह में वह कुछ हुआ जो सड़कों पर भी नहीं होता। वह जब चाहता मेरे जिस्म पर भौंकता, मैं ख़ौफ़ज़दा हो जाती। फिर मुझे एक माह में दौरे पड़ने लगे। मैं तलाक़ माँगती तो मुझे और मारता। ननदें गालियाँ देतीं। मेरे पढ़ने से उसे तकलीफ़ होती।

मैं दिन भर रोया करती। मेरे घरवाले भी मेरे घर न आते कि मैंने तो पसन्द से शादी की थी। कोई पुरसानेहाल न था। ख़ैर छह माह में जब्र और तशद्दुद के बाद मैंने तलाक़ ले ली मुझे दूसरी ज़िन्दगी मिल गई लेकिन मैं ज़हनी तवाज़ुन खो बैठी। मैं गलियों में घूमती रहती। ग़लत लफ़्ज बोलती रहती और फिर जो शायर हज़रात थे उन्होंने मेरी दीवानगी से पूरा-पूरा फ़ायदा उठाया और मुझे ज़लील किया। मैं बिलकुल पागल हो गई। मेरी अम्मी मुझे पागलख़ाने छोड़ आई इलाज के लिए। जब मुझे होश आया एक औरत ज़ंजीरों में बँधी बैठी थी, दूसरी औरत ने ख़लाअ से आँखें बाँध रखी थीं, तीसरी औरत की घड़ी से वक़्त गिर गया था। मैं उनको देखकर बहुत रोई। मैं शायरा हूँ, मैंने उनकी बातें लिखनी शुरू कीं।''

सारा शगुफ़्ता की शायरी उसकी ज़िन्दगी है और उसकी छोटी-सी ज़िन्दगी, उसकी बेमिसाल शायरी। सारा क्यों मर गई इस सवाल का जवाब आलिया शीरीं के मुताबिक न हमें किसी मेडिकल रिपोर्ट से मिल सकता है न किसी सामाजिक विश्लेषण में। वह इसलिए मर गई कि उसने सारे मरने वाले काम किए। उसने औरत की आज़ादी का सवाल उठाया। झूठ और मुनाफ़िक़त को बर्दाश्त न कर सकी अगरचे सच पे भी उसे एतबार नहीं रहा था। सारा शगुफ़्ता की नज़्में आम नज़्मों से बिलकुल मुख़्तलिफ़ हैं उसकी पंक्तियों के बीच बहुत कुछ अनकहा महसूस होता है और जो उस अनकहे को महसूस नहीं कर पाते उन्हें सारा की नज़्में समझने में मुश्किल पेश आती है। अपनी एक नज़्म 'पानियों के धागे' में उसने लिखा है :

''थका-माँदा सुबह का तारा
जब सारे आसमान पर अकेला होता है
उसी वक़्त की क़द्र करती हूँ''

सारा शगुफ़्ता भी सुबह के थके-माँदे तारे की तरह थी, आठवें दशक की उर्दू शायरी के आसमान पर नितान्त अकेली। हम उसकी उस वक़्त की और उसकी नज़्मों की क़द्र करते हैं।

एजी 1/47 सी, विकासपुरी
नयी दिल्ली-110018

डा. शाहीना तबस्सुम

अनुक्रम

पहला हर्फ़

आज से पाँच बरस पहले कहने को एक शाइर मेरे साथ 'फ़ैमिली-प्लानिंग' में सर्विस करता था। मैं बहुत बानमाज़ होती थी। घर से ऑफ़िस तक रास्ता बड़ी मुश्किल से याद किया था। लिखने-पढ़ने से बिलकुल शौक़ नहीं था।

इतना ज़रूर पता था—शाइर लोग बड़े लोग होते हैं। एक शाम शाइर साहब ने कहा। मुझे आपसे एक ज़रूरी बात करनी है। फिर एक रोज़ रेस्ट्राँ में मुलाक़ात हुई। उसने कहा शादी करोगी? दूसरी मुलाक़ात में शादी तय हो गई।

अब क़ाज़ी के लिए पैसे नहीं थे। मैंने कहा, आधी फ़ीस तुम क़र्ज़ ले लो और आधी फ़ीस मैं क़र्ज़ लेती हूँ। चूँकि घर वाले शरीक नहीं होंगे मेरी तरफ़ के गवाह भी लेते आना।

एक दोस्त से मैंने उधार कपड़े माँगे और तयशुदा जगह पर पहुँची और निकाह हो गया।

क़ाज़ी साहब ने फ़ीस के अलावा मिठाई का डिब्बा भी मँगवा लिया तो हमारे पास छः रुपये बचे।

बाक़ी झोंपड़ी पहुँचते-पहुँचते दो रुपये बचे। मैं लालटेन की रोशनी में घूँघट काढ़े बैठी थी।

शाइर ने कहा, दो रुपये होंगे, बाहर मेरे दोस्त बग़ैर किराये के बैठे हैं। मैंने दो रुपये दे दिये। फिर कहा हमारे यहाँ बीवी नौकरी नहीं करती। नौकरी से भी हाथ धोए।

घर में रोज़ तालीम-याफ़्ता शाइर और नक़्क़ाद (आलोचक) आते और इलियट की तरह बोलते। कम से कम मेरे ख़मीर में इल्म की वहशत तो थी ही लेकिन इसके बावजूद कभी-कभी भूख बर्दाश्त न होती। "रोज़ घर में फ़लसफ़े पकते और हम मन्तिक़ (तर्क) खाते।"

एक रोज़ झोंपड़ी से भी निकाल दिए गए। ये भी परायी थी। एक आधा मकान किराए पर लिया। मैं चटाई पर लेटी दीवारें गिना करती। "और अपनी

जहालत का अकसर शिकार रहती।''

मुझे सातवाँ महीना हुआ। दर्द शदीद था और बान का दर्द भी शदीद था। इल्म के ग़ुरूर में वो आँख झपके बग़ैर चला गया। जब और दर्द शदीद हुआ तो मालिक मकान मेरी चीख़ें सुनती हुई आई और मुझे हस्पताल छोड़ आई। ''मेरे हाथ में दर्द और पाँच कड़कड़ाते नोट थे।''

थोड़ी देर के बाद लड़का पैदा हुआ। सर्दी शदीद थी और एक तौलिया भी बच्चे को लपेटने के लिए नहीं था।

डॉक्टर ने मेरे बराबर स्ट्रेचर पर बच्चे को लिटा दिया। ''पाँच मिनट के लिए बच्चे ने आँखें खोलीं और कफ़न कमाने चला गया।''

बस! जब से मेरे जिस्म में आँखें भरी हुई हैं। Sister वार्ड में मुझे लिटा गई। मैंने Sister से कहा, मैं घर जाना चाहती हूँ क्योंकि घर में किसी को इल्म नहीं कि मैं कहाँ हूँ? उसने मुझे बेबाकी से देखा और कहा, तुम्हारे ज़िस्म में वैसे भी ज़हर फैलने का डर है। तुम बिस्तर पर रहो। लेकिन अब आराम तो कहीं भी नहीं था।

मेरे पास मुर्दा बच्चा और पाँच रुपए थे! मैंने Sister से कहा, ''मेरे लिए अब मुश्किल है हस्पताल में रहना। मेरे पास फ़ीस के पैसे नहीं हैं। मैं लेकर आती हूँ। भागूँगी नहीं। तुम्हारे पास मेरा मुर्दा बच्चा अमानत है।'' और सीढ़ियों से उतर गई। मुझे 105 डिग्री बुख़ार था। बस पर सवार हुई। घर पहुँची। मेरे पिस्तानों (स्तनों) से दूध बह रहा था। मैंने दूध गिलास में भरकर रख दिया। इतने में शाइर और बाक़ी मुंशी हज़रात तशरीफ़ लाए। मैंने शाइर से कहा, ''लड़का पैदा हुआ था मर गया है।''

उसने सरसरी सुना और अपने नक़्क़ादों को बताया। कमरे में दो मिनट ख़ामोशी रही और तीसरे मिनट गुफ़्तुगू शुरू हो गई!

फ्राइड के बारे में तुम्हारा क्या ख़्याल है?

राँ बो क्या कहता है?

(शेख़) सादी ने क्या कहा है?

और वारिस शाह बहुत बड़ा आदमी था।

ये बातें तो रोज़ ही सुनती थी लेकिन आज लफ़्ज़ कुछ ज़्यादा ही साफ़ सुनाई दे रहे थे, मुझे ऐसा लगा!

''जैसे ये सारे बड़े लोग थोड़ी देर के लिए मेरे लहू में रुके हों।'' और राँ बो और फ्राइड मेरे रहम (कोख) से मेरा बच्चा नोच रहे हों। ''उस रोज़ इल्म मेरे घर पहली बार आया था और मेरे लहू में क़हक़हे लगा रहा था।''

मेरे बच्चे का जन्म देखो!!!

चुनानचे एक घण्टे की गुफ़्तुगू रही और ख़ामूशी आँख लटकाए मुझे देखती रही। ये लोग इल्म के नाले उबूर करते कमरे से जुदा हो गए।

"मैं सीढ़ियों से एक चीख़ की तरह उतरी।" अब मेरे हाथ में तीन रुपये थे मैं एक दोस्त के यहाँ पहुँची और तीन सौ रुपये क़र्ज़ माँगे। उसने दे दिए। फिर उसने देखते हुए कहा! क्या तुम्हारी तबीयत ख़राब है?

मैंने कहा, "बस मुझे ज़रा-सा बुख़ार है। मैं ज़्यादा देर रुक नहीं सकती। पैसे किसी क़र्ज़ख़्वाह को देने हैं, वो मेरा इन्तज़ार कर रहा होगा।"

हस्पताल पहुँची। बिल 295 रुपये बना। "अब मेरे पास फिर मुर्दा बच्चा और पाँच रुपये थे।" मैंने डॉक्टर से कहा, "आप लोग चन्दा इकट्ठा करके बच्चे को कफ़न दें और इसकी क़ब्र कहीं भी बना दें। मैं जा रही हूँ।"

"बच्चे की असल क़ब्र तो मेरे दिल में बन चुकी है।" मैं फिर दोहरी चीख़ के साथ सीढ़ियों से उतरी और नंगे पैर सड़क पर दौड़ती हुई बस में सवार हुई। डॉक्टर ने समझा शायद सदमे की वजह से मैं ज़हनी तवाज़ुन खो बैठी हूँ। कण्डक्टर ने मुझसे टिकट नहीं माँगा और लोग भी ऐसे ही देख रहे थे। मैं बस से उतरी। कण्डक्टर के हाथ पे पाँच रुपए रखते हुए चल निकली, घर? घर!!

घर पहुँची।

गिलास में दूध रखा हुआ था।

"कफ़न से भी ज़्यादा उजला।"

मैंने अपने दूध की क़सम खाई, "शेर मैं लिखूँगी, शायरी मैं करूँगी, मैं शाइरा कहलाऊँगी। और दूध बासी होने से पहले ही मैंने एक नज़्म लिख ली थी।" लेकिन तीसरी बात झूठ है, मैं शाइरा नहीं हूँ। मुझे कोई शाइरा ना कहे। शायद मैं कभी अपने बच्चे को कफ़न दे सकूँ।

आज चारों तरफ़ से शाइरा! शाइरा! की आवाज़ें आती हैं लेकिन अभी तक कफ़न के पैसे पूरे नहीं हुए।

सारा शगुफ़्ता

शैली के नाम

तुझे जब भी कोई दुःख दे
उस दुःख का नाम बेटी रखना
जब मेरे सफ़ेद बाल
तेरे गालों पे आन हँसें, रो लेना
मेरे ख़्वाब के दुःख पे सो लेना
जिन खेतों को अभी उगना है
उन खेतों में
मैं देखती हूँ तेरी अंगिया भी

बस पहली बार डरी बेटी
मैं कितनी बार डरी बेटी
अभी पेड़ों में छुपे तेरे कमान हैं बेटी
मेरा जन्म तू है बेटी
और तेरा जन्म तेरी बेटी

तुझे नहलाने की ख़्वाहिश में
मेरी पौरें ख़ून थूकती हैं

रंग चोर

लो शाम हो रही है
और उसने हमारे चेहरे चोरी करने शुरू कर दिए हैं
तुम छोटे चोर हो
मैं छोटा चोर नहीं
समुन्दर में उतरा
तो समुन्दर ने मेरे कपड़ों का कोई रंग न चुराया
हाँ थोड़े से मेरे साँस ज़रूर
उसने चोरी कर लिए थे
मालूम होता है ये भी चोर है
तुमने कभी मिट्टी में ग़ोता लगाया है
मिट्टी चोरी करना बड़ा मुश्किल काम है
अगर मैंने मिट्टी में ग़ोता लगाया
तो वो मेरे सारे साँस चोरी कर लेगा
तो फिर ये बन्दा चोर चोर नहीं रहेगा
रास्ते में तो कई राहें रँगी हुई हैं
और अनदेखे ने बाज़ जगह
एक ही रंग रँगा हुआ है
तुम ग़ारों के रंग चोरी कर सकते हो
सच पूछो तो सब से बड़ा रंग चोर सूरज है
रंग तक पहुँचते-पहुँचते ये तुम्हें कई रंग दिखा जाएगा
देखना आइने में हमारी आँखें एक सी तो नहीं लग रहीं!
कभी हवा को भी शीशा कहते हैं :
देख! हवा तेरे कपड़े भी पकड़ रही है और मेरे भी

कहीं ये भी तो चोर नहीं
तुम चोरी करने निकले हो कि रंग होने :
देखो! समुन्दर जब पत्थर की सतह पर आता है
तो सफ़ेद हो जाता है
और हवा जब पेड़ों पे चढ़
नाचती है तो हरी हो जाती है
आदमी जब रोता है
अपने आँसुओं में डूब जाता है
उस वक़्त तुम आदमी का कोई रंग चोरी नहीं कर सकते
बताओ
आसमान का रंग ज़मीन पे कैसे उतरा
तुम्हें इतनी बारीकियाँ बता दूँ
तो खुद चोरी हो जाऊँ
चोरी करो पहले इस पत्थर का रंग भी
इसको जितना तोड़ता हूँ
एक ही रंग की आवाज़ देते हैं ये पत्थर
और रंग चूरा-चूरा हो जाते हैं
पानी भी अपना रंग नहीं निकाल रहा,
कहीं ये भी रोता हुआ आदमी तो नहीं
टूटे फूल की गुफ़्तुगू भी ख़ंजर हो गई है
जो फूल शाम में तोड़े थे
उन्हें रात के अँधेरों ने काला कर दिया है

"आहिस्ता आहिस्ता चलो
हमारी आहट पाकर कोई रंग छुप न जाए"
ये आग बुझ नहीं सकती
आग बुझ गई तो तुम चोर नहीं रहोगे
अँधेरे रोशनियाँ चोरी करते हैं
ये ख़ुद चोर होते हैं...
मैंने चोरी न की तो मेरा घर बेअंगारा रह जाएगा

मेरी रोटी का रंग सफ़ेद पड़ जाएगा
मेरी भूक रंग-रंग पुकारेगी :
मुझे टूटे फूलों के पास ले जाएगी
और फूल जानते हैं कि मैं चोर हूँ
जब आँखों की कैंचली चोरी हो जाती है
इन्सान ऐसे ही रंग चोरियाँ करने निकल खड़ा होता है

मैंने समुन्दर का रंग चुराया था तो फ़र्श बनाया था
आँखों के रंग चुराए थे तो दीवारें बनाई थीं
सूरज का रंग चुराया था तो छाऊँ बनाई थी
भूक का रंग चुराया था तो चूल्हा बनाया था
चुग़ली का रंग चुराया था तो कपड़े सिलवाए थे
और जब आग का रंग चोरी किया
तो मेरी रोटी कच्ची रह गई
पत्थर ख़ामोश हो जाते हैं
और दिए की लौ
ख़ला[1] को फिर से जलाना शुरू कर देती है

1. शून्य

आँखें दो जुड़वाँ बहनें

जब हमारे गुनाहों पे वक़्त उतरेगा
बन्दे खरे हो जाएँगे
फिर हम तौबा के टाँकों से
ख़ुदा का लिबास सिएँगे
तुमने समुन्दर रहन रख छोड़ा
और घोंसलों से चुराया हुआ सोना
बच्चे के पहले दिन पे मल दिया गया

तुम दुःख को पेबन्द करना
मेरे पास उधार ज़्यादा है और दुकान कम
आँखें दो जुड़वाँ बहनें
एक मेरे घर बियाही गई दूसरी तेरे घर
हाथ दो सौतेले भाई
जिन्होंने आग में पड़ाव डाल रखा है

संगेमील[1] पहरों चलता है

आसमान के सीने में ग़म चरखा कात रहा है
संगेमील
पहरों चलता है और साकित[2] है
रात मुझसे पहले जाग गई है :
लिबास पर पड़े हुए धब्बे
मेरे बच्चों के दुःख थे

मेरे लहू को तनहाइयाँ चाट रही हैं
शहर की मुँडेर से तिनके चुराए थे
सूरज ने दुःख बना दिए
मेरे सपनों का दाग़ आँखें हैं
मेरी क़ब्र मुझे छुपकर देख रही है

1. मील का पत्थर 2. स्तब्ध

साये की ख़ामोशी

साये की ख़ामोशी
सिर्फ़ ज़मीन सहती है
खोखला पेड़ नहीं
या खोखली हँसी नहीं
और फिर अनजान
अपनी अनजानी हँसी में हँसा
क़हक़हे का पत्थर
संग-रेज़ों[1] में तक़सीम हो गया
साये की ख़ामोशी
और फूल नहीं सहते।
तुम!
समुन्दर को लहरों में तरतीब मत दो
कि तुम ख़ुद अपनी तरतीब नहीं जानते
तुम!
ज़मीन पे चलना क्या जानो
कि बुत के दिल में
तुम्हें धड़कना नहीं आता

---

1. पत्थर के कण

परिन्दे की आँख खुल जाती है

किसी परिन्दे की रात पेड़ पर फड़फड़ाती है
रात, पेड़ और परिन्दा
अँधेरे के ये तीनों राही
एक सीध में आ खड़े होते हैं
रात अँधेरे में फँस जाती है

रात तूने मेरी छाऊँ क्या की!
जंगल छोटा है
इसलिए तुम्हें गहरी लग रही हूँ
गहरा तो मैं परिन्दे के सो जाने से हुआ था
मैं रोज़ परिन्दे को दिलासा देने के बाद
अपनी कमान की तरफ़ लौट जाती हूँ
तेरी कमान क्या सुबह है
मैं जब मरी तो मेरा नाम रात रख दिया गया

अब मेरा नाम फ़ासला है
तेरा दूसरा जन्म कब होगा
जब ये परिन्दा बेदार होगा
परिन्दे का चहचहाना ही मेरा जन्मदिन है
फ़ासला और पेड़ हाथ मिलाते हैं
और परिन्दे की आँख खुल जाती है

चिराग़ जब मेरा कमरा नापता है

चिराग़ ने फूल को जन्म देना शुरू कर दिया है
दूर, बहुत दूर मेरा जन्म दिन रहता है
आँगन में धूप न आये तो समझो
तुम किसी ग़ैर आबाद इलाक़े में रहते हो
मिट्टी में मेरे बदन की टूट-फूट पड़ी है
हमारे ख़्वाबों में चाप कौन छोड़ जाता है
रात के सन्नाटे में टूटते हुए चिराग़
रात की चादर पे फैलती हुई सुबह
मैं बिखरी पत्तियाँ उठाती हूँ
तुम समुन्दर के दामन में
किसी भी लहर को उतर जाने दो
और फिर जब इन्सानों का सन्नाटा होता है
हमें मरने की मुहलत नहीं दी जाती
क्या ख़्वाहिश की म्यान में
हमारे हौसले रखे हुए होते हैं
हर वफ़ादार लम्हा हमें चुरा ले जाता है
रात का पहला क़दम है
और मैं पैदल हूँ
बैसाखियों का चाँद बनाने वाले
मेरे आँगन की छाऊँ लुट चुकी
मेरी आँखें मरे हुए बच्चे हैं
और फिर मेरी टूट-फूट
समुन्दर की टूट-फूट हो जाती है,

मैं क़रीब से निकल जाऊँ
कोई सिमत सफ़र की पहचान नहीं कर सकती
शाम की टूटी मुँडेर से
हमारे तालातुम[1] पे
आज रात की तरतीब हो रही है
मुसाफ़िर अपने संगेमील की हिफ़ाज़त करता है
चिराग़ कमरा नापता है
और ग़म मेरे दिल से जन्म लेता ही है
ज़मीन हैरत करती है
और एक पेड़ उगा देती है

1. लहरों का ज़ोर

चाँद का क़र्ज़

हमारे आँसुओं की आँखें बनाई गईं
हमने अपने-अपने तलातुम से रस्साकशी की
और अपना अपना बैन[1] हुए
सितारों की पुकार आसमान से ज़्यादा ज़मीन सुनती है
मैंने मौत के बाल खोले
और झूट पे दराज़[2] हुई
नींद आँखों के कंचे खेलती रही
शाम दोग़ले रंग सहती रही
आसमानों पे मेरा चाँद क़र्ज़ है
मैं मौत के हाथ में एक चिराग़ हूँ
जन्म के पहिये पर मौत की रथ देख रही हूँ
ज़मीनों में मेरा इन्सान दफ़न है
सजदों से सर उठा लो
मौत मेरी गोद में एक बच्चा छोड़ गई है

1. मुर्दे की ख़ूबियाँ बयान करके रोना 2. फैलना

शायरी झंकार नहीं

शायरी झंकार नहीं जो, ताल पर नाचती रहे
गया वक़्त
जब ख़्वाजासरा[1] टूटी कमान होते थे
और मौत पर तालियाँ पीटा करते थे
पाज़ेब पहनकर मैदान में नहीं भाग सकते
ये कहीं भी साथ छोड़ सकती है
ग़ार में चुनी चुनाई जगह है
दार[2] है, बामुशक़्क़त क़ैदी है

लेकिन नज़्म में न ग़ार है
न दार है, न मुशक़्क़त है
फिर भी एक क़ैद है..................
जब हम ज़मीनों को पढ़ने निकलते हैं
तो चरिन्द परिन्द की ज़रूरत नहीं रहती
इन्सान की पहली आँवल नाल अजिय्यत[3] है
खेल तो खिलण्डरा ही खेलता है

---

1. हरमसरा में काम करने वाला नपुंसक 2. सूली 3. यातना

डाल कितने रंग बोएगी

कौन जाने डाल कितने रंग बोएगी
पर हमारी क़ब्र हमें बोती नहीं
वरना गदाई[1] के तौर पर
कश्कोल[2] और रात में समझौता हो चुका था
अजल[3] की डिबिया में ख़्वाहिश बन्द है

सारे मौसम मुझसे शुरू होते हैं
ज़मीन दरियाओं के खोज लगाने को चली
मैं अपने रब का ख़्याल हूँ
और मरी हुई हूँ

---

1. फ़क़ीरी 2. भिक्षा-पात्र 3. मौत

क़र्ज़

मेरा बाप नंगा था
मैंने अपने कपड़े उतार उसे दे दिए
ज़मीन भी नंगी थी
मैंने उसे
अपने मकान से दाग़ दिया
शर्म भी नंगी थी मैंने उसे आँखें दीं
प्यास को लम्स[1] दिये
और होंठों की क्यारी में
जाने वाले को बो दिया
मौसम चाँद लिए फिर रहा था
मैंने मौसम को दाग़ देकर चाँद को आज़ाद किया
चिता के धुएँ से मैंने इन्सान बनाया
और उसके सामने अपना मन रखा
उसका लफ़्ज़ जो उसने अपनी पैदाइश पे चुना
और बोला!
मैं तेरी कोख में एक हैरत देखता हूँ

मेरे बदन से आग दूर हुई
तो मैंने अपने गुनाह ताप लिए
मैं माँ बनने के बाद भी कुँवारी हुई
और मेरी माँ भी कुँवारी हुई
अब तुम कुँवारी माँ की हैरत हो

---

1. स्पर्श

मैं चिता पे सारे मौसम जला डालूँगी
मैंने तुझमें रूह फूँकी
मैं तेरे मौसमों में चुटकियाँ बजाने वाली हूँ मिट्टी क्या सोचेगी
मिट्टी छाँव सोचेगी और हम मिट्टी को सोचेंगे
तेरा इनकार मुझे ज़िन्दगी देता है

हम पेड़ों के अज़ाब सहें
या दुःखों के फटे कपड़े पहनें

होंठ मेरे गदागर[1]

ज़मीन मेरी थकन से भी छोटी है
लगाम सफ़र से ज़्यादा है
सो बेइरादा है
मैं बहुत हँसना चाहती हूँ
लेकिन फिर शायद मेरे होंठ झूठे हो जाएँ
मैं तो उसी वक़्त डर गई थी
जब मेरा बाप मेरी माँ के साथ
क़हक़हा लगाने में मसरूफ़ था
सारे क़दम रुख़सत हो चुके हैं
और सारी आँखें भिनभिना रही हैं
मैं आवाज़ का बदन तोड़ती हूँ
मैं कितने गारों से बनी थी
कौन ख़ौफ़ के कुएँ खोद जाता है
तुम्हें देखकर तो मुझे अपनी पस्तियाँ[2] याद आ जाती हैं
लहू की ठीकरी मेरे खेल बिगाड़ती है
और छाँव से सूरज उड़ जाता है
मेरा आखिरी क़याम है और लोग राज़दारी में मसरूफ़ हैं
मैं मुकम्मल तौर पर हँस चुकी हूँ
बदन का चाक दर नहीं दाग़ सकता
वो चाय की प्याली आज तक मैं नहीं उँड़ेल सकी
जो मुर्दा दूध से बनाई गई थी
सुब्हो शाम परिन्दे बदन से उड़ते हैं

---

1. भिखारी, 2. नीचाइयाँ

और रात भर परवाज़ में सोते हैं
आलिमों[1] ने मेरी फ़ाल निकाली[2]
और मेरा नाम सराय रखा
दुनिया हर एक फ़र्द[3] के बाद तीसरी होती है
और दूसरा फ़र्द ग़ायब हो जाता है

साये ज़मीन का मज़हब थे
और पानियों में बल डालने के बाद
रस्सी ज़मीन पे रहन रख दी जाती है
मुझे देखने से पहले ये सारे लोग शफ्फ़ाफ़[4] थे
फिर मैंने उनका ख़मीर गूँधा और नमक से कहा चख
आग की तलाश में मेरे कई चिराग़ बिछड़ गए
वफ़ादारी की गलियों में कुतिया कम
और कुत्ता ज़्यादा मशहूर है
मालिकों को मैं अपने फ़ुटपाथ का नम्बर लिख दूँ
कि•सरे शाम सूरज इनकार करने लगता है
मेरे घर की सलाख़ों से
कितने कुत्तों की ज़ंजीरें बनती हैं
मैं अपनी तलाफ़ी[5] में तुम्हें शरीक नहीं करूँगी
इन्सान दूसरी ग़लती कभी नहीं करता
मैं फिर ख़ुदा को तीसरी बार दोहराती हूँ
खिलौने का मुक़द्दर ज़्यादा से ज़्यादा टूटना है

1. विद्वानों 2. शगुन मालूम करना 3. शख़्स 4. पारदर्शी 5. क्षतिपूर्ति

दो घूँट प्यास और

भूख के छूने से वो बेदार हुई
टहनियों के टूटने की सदा[1] पे
दो घूँट प्यास और
खुदा भूख के भी कितने ज़ायक़े[2] रखता है
माली! वो फूल मेरी गुड़िया के रंग का है
और सूरजमुखी में तो तूने मेरे बाल बो रखे हैं
काले गुलाब जैसे मेरे जूते हैं
और ये सफ़ेद फूल मेरी रोटी के रंग का है

---

1. आवाज़ 2. स्वाद

रात की दो आँखें

घड़ी में इस वक़्त रात की दो आँखें हैं
औरत तो इन्सान को जन्म देने के बाद भी
खरी नहीं होती
रात इन्सानी सराय में ख़र्च हो गई
अपने अपने बस की बात है
या अपने अपने रोग की
अपनी अपनी सतह का समुन्दर है
तन्हाई इतने हराम के बच्चे जनती है
कि एक एक को बियाहने के लिए
वक़्त को हलाक करना पड़ता है
मैं चलना चाहती हूँ
ये अपाहिज रंग ही तो जाग रहा है
ख़ौफ़ की हर गुल्लक तोड़ती हूँ
कभी ज़्यादा हो जाती हूँ और कभी कम
पन्द्रह मिनट पे घर है
कोई न कोई कान्धा देने आ ही जाता है
मुर्दे समझते हैं
औरत से अच्छी कोई क़ब्र नहीं होती
दरवाज़े को आज़ाद करते ही
मेरा घर शुरू होता है
वतन से निकलती हूँ तो ज़मीन शुरू हो जाती है
ज़मीन से निकलती हूँ तो वतन शुरू हो जाता है
लिबासों के रंग भी तो जिस्म पे रंग छोड़ते हैं

मेरी रोशनी सिगनल से भी कम थी
पहलू बदल बदल कर शायद खरी हो जाऊँ
मुझे नाख़ूनों में फँसे लोग पसन्द नहीं
मुँह काला होने से तो बेहतर है
ज़बान सफेद पड़ जाये
अभी तक तो गन्दुमी[1] रंग कहलाता है
चिराग़ तो मेरी माँ के ज़माने में दहकते थे
हम बात बात पर तक़सीम होते रहते हैं
सफ़र के लिए क़तार में बेईमानी करती हूँ
गुड़िया कुछ मद्धम मद्धम सी लग रही है
मेरी बेटी की उमर घट रही है
वक़्त सोता कहाँ है
कभी मुझे घटाता है
और कभी पूरे दिनों के बाद भी
शीर[2] चखने नहीं आता
बस रोटी बदन को खँगाल के खा रही हूँ
और फ़ासलों का बैन कैसे करती
सुहागनें तक अपनी बेटियों को रुख़सत कर देती हैं
मैं तो फिर तम्ग़े रखती हूँ
हालाँकि अपाहिज बच्चा तक मेरे पास नहीं
डर के इतने नख़रे हैं
कि ख़्वाजासरा रात-रात भर तंग करते हैं
और बार-बार भूल जाती हूँ
कि कुत्ता हड्डी देर तक चबाता है

मैं इस जिस्म को थूक दूँगी
कि आख़िरी गाली तक मैंने सब्र का वादा किया था
और जहाँ गवाही हो वहाँ इन्सान का क्या काम

---

1. गेहुआँ 2. खीर

कोई कपड़े कैसे बदल गया

मैं अपने लिबास फेंकती जा रही हूँ
शायद कोई ठिठुर रहा हो
कल तुम्हें बाँट देगी
और मिट्टी पे कोई सीधी राह नहीं है
चिराग़ ने चुग़ली सीखी
और क़तार में फ़ासला रखा
वो वहीं रह गया जहाँ से मुझे चलना था
दाग़ किस की चिता पे जलेंगे
टूटे खिलौने हाथों से आज़ाद हैं
खेल मैदानों में रहने लगे
बीन रस्सियों पे बजायी जाने लगी
परिन्दों के चहचहाने में बल पड़ गए हैं
मैं कफ़न हारने चली थी
और मिट्टी दरयाफ़्त[1] कर बैठी
दीवारों में ईंटें मरने लगीं
मैं उतरी हूँ
तुम्हारे क़दम क्यों घट रहे हैं
दार ने रिहाई पाई कोई नई सज़ा तक़सीम करो
लहू में आवाज़ रह गई
कोई कैसे कपड़े बदल गया

1. खोज

औरत और नमक

इज़्ज़त की बहुत सी क़िस्में हैं
घूँघट, थप्पड़, गन्दुम[1]
इज़्ज़त के ताबूत में क़ैद की मैंखें[2] ठोंकी गयी हैं
घर से लेकर फ़ुटपाथ तक हमारा नहीं
इज़्ज़त हमारे गुज़ारे की बात है
इज़्ज़त के नेज़े से हमें दाग़ा जाता है
इज़्ज़त की कनी हमारी ज़बान से शुरू होती है
कोई रात हमारा नमक चख ले
तो एक ज़िन्दगी हमें बेजायक़ा रोटी कहा जाता है
ये कैसा बाज़ार है
कि रंगसाज़[3] ही फीका पड़ा है
ख़ला की हथेली पे पतंगें मर रही हैं
मैं क़ैद में बच्चे जनती हूँ
जाइज़ औलाद के लिए ज़मीन खिलण्डरी होनी चाहिए
तुम डर में बच्चे जनती हो इसीलिए आज तुम्हारी कोई नस्ल नहीं
तुम जिस्म के एक बन्द से पुकारी जाती हो
तुम्हारी हैसियत में तो चाल रख दी गई है
एक ख़ूबसूरत चाल
झूठी मुस्कुराहट तुम्हारे लबों पे तराश दी गई है
तुम सदियों से नहीं रोईं
क्या माँ ऐसी होती है
तुम्हारे बच्चे फीके क्यों पड़े हैं

---

1. गेहूँ 2. कीलें 3. रंग बनाने वाला

तुम किस कुन्बे की माँ हो
रेप की, क़ैद की, बटे हुए जिस्म की
या ईंटों में चुनी हुई बटियों की
बाज़ारों में तुम्हारी बेटियाँ
अपने लहू से थूक गूँधती हैं
और अपना गोश्त खाती हैं
ये तुम्हारी कौन सी आँखें हैं
ये तुम्हारे घर की दीवार की कौन सी चुनाई है
तुमने मेरी हँसी में तआरूफ़[1] रखा
और अपने बेटे का नाम सिक्का-ऐ-राइजुल-वक़्त[2]

आज तुम्हारी बेटी अपनी बेटियों से कहती है
मैं अपनी बेटी की ज़बान दागूँगी
लहू थूकती औरत धात नहीं
चूड़ियों की चोर नहीं
मैदान मेरा हौसला है
अंगारा मेरी ख़्वाहिश

हम सर पे कफ़न बाँध कर पैदा हुए हैं
कोई अँगूठी पहनकर नहीं
जिसे तुम चोरी कर लोगे

1. परिचय 2. वो सिक्का जो उस समय चल रहा हो!

मौत की तलाशी मत लो

बादलों में ही मेरी तो बारिश मर गई
अभी अभी बहुत ख़ुश लिबास था वो
मेरी ख़ता कर बैठा...
कोई जाए तो चली जाऊँ
कोई आए तो रुख़सत हो जाऊँ :
मेरे हाथों में कोई दिल मर गया है
मौत की तलाशी मत लो
इन्सान से पहले मौत ज़िन्दा थी :
टूटने वाले ज़मीन पर रह गए
मैं पेड़ से गिरा साया हूँ
आवाज़ से पहले घट नहीं सकती
मेरी आँखों में कोई दिल मर गया है...

आँखों के धागे

मैं जो चौराहे पे खड़ी
अपनी कमान की तरफ़ लौटना चाहती हूँ
वो जो लहू में फँसा
कुछ और जीना चाहता है
साया जैसे किसी दीवार के साथ शामिल हो गया हो
पानियों में जैसे अलम[1] ठण्डे हो रहे हो
तुम कि शाम के सूरज से धूप चुराते हो
मैं कि सुबह की रात भी चुरा लेती हूँ
और थका-माँदा सुबह का तारा
जब सारे आसमान पे अकेला होता है
उसी वक़्त की क़द्र करती हूँ
तो धरती का एक दिन
मेरी उमर का एक हिस्सा काट डालता है

---

1. ग़म

बाहर आधी बारिश हो रही है

आईने को शुमार मत करो
वो एक क़दम नहीं चल सकता
क़दम और आईने का तआल्लुक़
झाँकना है तो आँख से झाँकते
कमरे के बाहर क्या दिन है
बाहर सरसब्ज़ पहाड़ियों का ताना[1] है
बाहर आधी बारिश हो रही है
बालों में कोई गिरह नहीं रहती
वक़्त रहता है
कमरे के अन्दर क्या दिन है
आवाज़ मिलाकर कोई सदा मत दे देना
दीवारों पर चोरी होने लगे
तो इसका मतलब है
हम दोनों महफ़ूज़[2] नहीं हैं
हवाएँ ज़मीन की कंघी कर रही हैं

---

1. कटाक्ष 2. सुरक्षित

मुझे पत्थर की आँख से देखा

दो सदाएँ
एक ज़मीन चुरा रही है और एक इन्सान
मुझे मेरी आँख चुरा रही है
मैं मर रही हूँ
सरगोशी[1] में बन्द इन्सान
अपना लम्हा ज़ंजीर करता है
और अपने दिल की गिरह को चादर करता है
सारी मुँडेरें
उधारी आँखें हैं
सारे मौसम मुझसे शुरू होते हैं
देखने वालो!
मुझे पत्थर की आँख से देखना

---

1. कानाफूसी

रात चुटकी बजाती है दिन की पोर से

पेड़ों की पायल हवा पहने
दरिया को साकित किए देती है
और फिर समुन्दर ने कहा
किनारों की गोद में मैं एक सफ़र हूँ
रस्सी का जहाज़ डूब चुका है
और लहरें जालों का
एतबार क़ायम किए हुए हैं
फिर ये पत्थरों को देखती लहरें
गुम हो जाती हैं गहरे साकित हुजूम में
रात चुटकी बजाती है दिन की पोर से
वक़्त लेकर आने लगे
जिनके पाँव चुरा लिए गए
और बीन दरियाओं पे बजाई जाने लगी
हम अपनी शर्मगाहों[1] में छुपे बैठे थे
कि दूसरों की आँखें उलट-पुलट कर देखने लगे
बाज़ुओं और टाँगों में पैरों का फ़ासला है
मैंने एक पाँव काटा
और एक संगेमील बना दिया

---

1. गुप्तांग

मैं अपनी दीवार की आख़िरी ईंट थी

उसने आखिरी बर्तन गिना
और मेरी प्यास बता दी
कभी मैं उसे खोती कभी वो मुझे ढूँढ़ लेता
ज़मीनी बाज़गश्त[1] से दुःखों को ज़बान मिलती
मेरा मकान ख़ाली पड़ा था
और मैं पड़ोस में रह रही थी
कि समुन्दर के कच्चे रास्तों की मुझे ख़बर हो गई
मैं अपने मकान की आखिरी ईंट थी
वो मुझसे टूट गिरे थे
जिनके लिबास मेरे बराबर हो गए थे
वो मुझे महँगी आँख से देख रहे थे
और किरन का दर्द शदीद था

वो मेरे थे और हाँ कह गए थे
हमारे दरमियान ज़मीन सो गई थी
वो नींद में गुनगुना रहे थे
उसने मुझे सूरज के दो रंग गिनवाए
तो मैं उसका चाँद बूझ गई
रात दीवारों में रहने लगी
फिर सूरज कभी न लौटा
मैं अपनी आँखें सेंक रही थी
कि पत्थर चटख़ गए

---

1. प्रतिध्वनि

और दरवाज़ों की तरफ़ दीवारें बढ़ गईं
मैं लहू में घुलमिल गई तो आँख बोल उठी
फूल चुन लेती तो मिट्टी का दीदार कैसे करती
पगडण्डी पुकारी संगेमील झूठा है
आँख के पास है सीधी राह
वो मेरी आँखों के हमबिस्तर[1] थे
मन सा मनका कहाँ रखती
मेरी रात इन्सान ख़रीद लाई है, चुप मत रहना
मुँडेरों पर दोपट्टे सुखाने वालियाँ क्या घर में हैं
सूरज किसी की क्यारी है
चाँद दो घूँट प्यास और
हाथ झटककर मैं तो पैदल चल निकली
जंगल रखती हूँ, मुझे अपनी अपनी बोलियाँ तो दो

1. एक बिस्तर के साथी

चाँद कितना तन्हा है

पिंजरे का साया भी कैद है
लिबास का साया मैं होती रही हूँ
मेरे हाथ दूसरों में बस रहते हैं :
मिट्टी अकेली हो गई है
अकेला दरिया समुन्दर क्यों गया
फ़ैसला कितना तन्हा है
रूठ रूठ जाती हूँ मरने वालों से
और जाग उठती हूँ आग में
गूँज रही हूँ पत्थर में
डूब चली हूँ मिट्टी में कौन-सा पेड़ उगेगा
मेरे दुखों का नाम बच्चा है
मेरे हाथों में टूटे खिलौने
और आँखों में इन्सान है
बेशुमार जिस्म मुझसे आँखें माँग रहे हैं
मैं कहाँ से अपनी इब्तिदा[1] करूँ
आसमानों की उम्र मेरी उम्र से छोटी है
परवाज़[2] ज़मीन नहीं रखती
हाथ किसकी आवाज़ हैं
मेरे झूठ सह लेना
जब जंगल से परिन्दों को आज़ाद कर दो

चिराग़ को आग चखती है

---

1. शुरुआत 2. उड़ान

मैं ज़ात की मुँडेर पर कपड़े सुखाती हूँ
मेरे फ़ासले में आँख है
मेरे लिबास मेरे दुःख हैं
मैं आग का लिबास पहनने वाली
अपनी छाँव का नाम बताऊँ
मैं तमाम रातों के चाँद तुम्हें देती हूँ

बैसाखियाँ

बैसाखियों में लगी आग
कौन जाने—ज़िन्दा कौन है
घड़ी या वक़्त
हड्डियों की बैसाखियों पर जज़्बे उतरे
और एक बैसाखी दिल—जो जलती रहती है
दुख की तलाशी लेती रहती है
कूड़े करकट के ढेर पे जो जज़्बे जल रहे हैं
अपनी बैसाखियाँ भूल गए हैं
और तुम जो मुझे गिन रहे हो
अपनी बैसाखी भूल रहे हो
रूह की तन आसानी[1] से बैसाखियों का पैमान[2] बाँधा
और मुझे घर कहा...
तो सारी बैसाखियाँ मेरी तरफ देखने लगीं
दीप के मन में जो बैसाखी जल रही है
वो मेरा दिल था
बैसाखी जो मुर्दा पेड़ से बनाई गई है
कितने सच्चे मौसम रखती है...

---

1. आराम-तलबी 2. वादा

मेरे तीनों फूल प्यासे हैं

माँ के आँसू अब ज़मीन पे गिरने लगे हैं
और लोग हँसने लगे हैं
मेरे पास और भी मौत के सात रोज़ हैं
अलविदा क्या ऐसी होती है!
कि मेरा हाथ थमने वाला है :
मेरी क़मीज़ के धागों से दास्तानें लिखी जाएँगी
रोना मत, मेरा लहू बहुत उदास था
मेरे कत्बे पे फूलों को दोहराना मत
उड़ जाने वाली आँखें कहीं न कहीं तो बस रही होती हैं
पगली मैं नहीं उसका क़दम था
जो मेरे लहू में दाख़िल हो गया था :
काश मैं आँखें तुम्हें बाँध कर दे सकती :
सबसे ज़्यादा फ़ज़ूल ख़र्च आँख होती है

....

मैंने तो बहुत हँसी बाँटी थी
ये मेरे होंठों से कैसे गिर गए...
कौन मेरे नाम की रोटी देकर भूका रहता है
कौन मुझे काँधा देकर गुज़र जाता है :
मेरे गजरे के तीन फूल प्यासे हैं...

"इससे पहले कि मैं मिट्टी में रच जाऊँ
मेरे साथ इन्साफ़ करना"...
मेरे रास्तों की भूल मुझे माफ़ करना

कि कुएँ में डोलती रस्सी जल तो सकती है
प्यास नहीं बुझा सकती
किस किस के हाथ पे आँखें रख दूँ
और किस किस को अलविदा न कहूँ

क़ैदख़ाना शुरू होता है

इन्सान वो है जो बदी को भी ईमानदारी से ख़र्च करे
हमारा आधा धड़ नेकी है और आधा धड़ बदी है...
लफ़्ज़ बड़ा आदमख़ोर होता है
तुमसे एक क़ैदख़ाना शुरू होता है...
मेरे लब हिलते तो लोग हँसते
मगर मेरी कठपुतली मुझसे ख़ुश थी...
मैं पल्लू से पैसे चुराती रही
मैंने यह पैसे कभी ख़र्च नहीं किए, ख़ैरात कर दिए :
मैंने मोल सुराहियाँ भरीं
प्यास मुझे महँगी पड़ी...
बताने वालों ने बताया
"तेरी कोख से पैदा होने वाले तेरे सब्र से मर गए"
और सख़ी[1] लौंडी मुल्क बदर कर दी गई
जब से समुन्द्र क़रीब रहने लगा है
मुहल्ले के बच्चे दूर तक नहीं जाते...
उनकी माँएँ इन्हें बताती हैं
कि खेल से ज़्यादा गेंद महँगी होती है
बताने वालों ने बताया
तुम्हारी माँ खाँस रही है
और दवा से ख़ाली शीशी तक चार आने में आती है
उसका दुःख या तो मैं हूँ
या किसी भी इलाक़े की कोई एक क़ब्र

1. दानी

नागमनी का भी एक त्योहार होता है
लेकिन मैं इतनी ज़हरीली हो चुकी हूँ
कि अपने मन के गिर्द नहीं नाच सकती...
मोर अपने पाँव देख कर रोता है
मैं अपने इन्सान देखकर रोती हूँ...
इन खेतों की उजरत[1] ही हमारी भूक है
जूती के टूटने पे एक कील ठोंक दी जाती है
और एक सफ़र ईजाद[2] कर दिया जाता है...
किसी बच्चे को सोच के फ़नपारे[3] अदा करने होंगे
और कोई टकसाल पे बह जाएगा
सूरज निकलने से पहले
इस मुहल्ले का नाम तब्दील हो जाएगा
और संगेमील पे बच्चों की उम्र लिख दी जाएगी...

मैं भी पहले पेड़ों की तरह सोचा करती थी
जाने वाले को मुबारकबाद देती थी
और आने वाले को अलविदा...
सलाख़ तराशो कि क़ैद का नया मफ़हूम[4] सामने आए

---

1. मेहनताना 2. आविष्कार 3. कलाकृति 4. अर्थ

घड़ीं जो दीवार हो चुकी थी

तुम्हारा दूसरा सरापा[1]
मेरी माँ फ़ौत हो चुकी[2] है...
मेरे दोस्त समुन्दर!
मेरे बटन तेरे सीने में कहीं दफ़न हो गए
मेरे आँगन के पौधे की क़मीज़ में
किसी ने बटन टाँक दिए :
पौधा बढ़ गया मेरी दीवार छोटी पड़ गई :
जैसे मेरे सरापे को नई और पुरानी घड़ियों की
सुइयों से सी दिया गया हो
पुरानी घड़ी की सूई
और चादर के तार से बटन लगाती हूँ
तुम्हारी चादर के दो तार कम हो गए
ये चादर भी ले लो और पुरानी घड़ी की सुइयाँ भी...
और घड़ी जो दीवार हो चुकी थी

---

1. आपादमस्तक 2. मर चुकी

दूसरा पहाड़

ये दूसरा पहाड़ था
जहाँ चीज़ों में मेरी उम्र के कुछ हिस्से पड़े थे
मैं यहाँ से कितनी बेतरतीब गई थी
और मैं अपना दिन गर्द करके आ रही थी
सारी चीज़ों ने मुझे गले लगाया
मैंने छोटे जूते छाबड़ी वाले को फ़रोख़्त कर दिए[1]
और सिक्के हैंगर में पड़े छोटे कपड़ों में डाल दिए
मैं आइने के सामने खड़ी हुई
और अपनी आँखों की झुर्रियाँ गिनने लगी
आग पर परिन्दे सेंकने लगी
तो भूक मेरी एड़ी से डर निकली

---

1. बेच दिए

ये रोज़ कौन मर जाता है

मैं टूटे चाँद को सुबह तक गँवा बैठी हूँ
इस रात कोई काला फूल खिलेगा
मैं अनगिनत आँखों से टूट गिरी हूँ
मेरा लहू कंकर कंकर हुआ
मेरे पहले क़दम की ख़्वाहिश दूसरा क़दम नहीं
मेरे ख़ाक होने की ख़्वाहिश मिट्टी नहीं
ऐ मेरे पालने वाले ख़ुदा?
मेरा दुःख नींद नहीं तेरा जाग जाना है
कौन मेरी ख़ामोशी पर बैन करता है
कौन मेरे सुख के कंकर चुनता है
ये रोज़, ये रोज़ कौन मर जाता है
जाग अपाहिज बच्चों के रब
कि मेरी आँखें जवान हुईं
निय्यत की आस्तीन पर रात फुंकारती है
वक़्त की सलाख़ों पर
इन्सानों के चिराग़ जलाए जाते हैं

मैं अपने लहू से अपने जज़्बे चुनती
तो मेरे हाथ जल जाते
इस भूक का मेरे बच्चों के साथ
इनकार देख

बेवतन बदन को मौत नहीं आती

टूटे हो!
ज़रा और लहू अंगार करो :
गुनाह की चादर इन्सान की चादर से छोटी होती है...
हैरत है तुम्हारी आवाज़ ख़ामोश हो रही है
दुःख के कुएँ से आवाज़ लौट आती है
शाम का लिबास पहनने वाले
तेरे पास सूरज का आख़िरी साँस भी तो है :
भला कहाँ आवाज़ की बोली लगती है :
गलियों को तन्हा छोड़ने वाले
गुनाह की दहलीज़ पर क़दम रखकर चल
कि तोबा करने वाले तेरे साथ हैं...
ये तीसरी बात है कि कौन कहाँ से टूटा

भूक की बोली लगाने वाला छोटा आदमी नहीं होता...
आओ हम ज़मीनों को निगलकर एक घर बनाएँ
मैं तेरे कफ़न की गवाही देती हूँ
कि मिट्टी हूँ...
तेरे एक आँसू की मौत पे कितने गुनाह रोते हैं...
हमें पत्थर को देखना ही होता है
जब तक हमारा लहू कंकर कंकर न हो जाए...

"इन्सान से ज़ब्त तो हाँ माँगती है इनकार कहाँ :"
मुझे अपने बेवतन बदन की क़सम
रोटी हमेशा आग पर पकती है...
मिट्टी को भूक लगे तो कब्र बनती है
भूक तो इन्सान का वतन है...
बताओ : क़दम न हों तो आँखों की कौन-सी हद है :
मौत तुम्हारा असासा[1] है
मिट्टी कितने ख़्वाब देखती है...
तुमने रात में पंछी आज़ाद कर दिए
शाम का इन्तज़ार किया होता :
रात दिन हमारी उम्र की सरगोशियाँ हैं, हमारी कहाँ :
कैसे टहलता है चाँद आसमान पे
जैसे ज़ब्त[2] की पहली मंज़िल...
आवाज़ के अलावा भी इन्सान है :
आँखों को छू लेने की क़ीमत पे उदास मत हो
क़ब्र की शर्म अभी बाक़ी है
हँसी हमारी मौत की शहादत[3] है :
लहद[4] में पैदा होने वाले बच्चे
हमारी माँ आँख है
क़ब्र तो मिट्टी का मक्र[5] है
फिर परिन्दे सूरज से पहले किसी का ज़िक्र करते हैं!
आवाज़ के अलावा भी इन्सान है
टूटे हो!
ज़रा और लहू अंगार करो
कि मैं एक बेलिबास औरत हूँ

1. पूँजी 2. संयम 3. गवाही 4. क़ब्र 5. धोखा

और जितनी चाहूँ आँखें रखती हूँ
मैंने आवाज़ को तराशा है
है कोई मेरा मुजस्सिमा[1] बनाने वाला
अपनी क़िस्मत पे उदास मत हो
मौत की शर्म अभी बाक़ी है
मुझे चादर देने वाले
तुझे हया[2] तक दुःख लग जाएँ
मुझे लफ़्ज़ देने वाले
"काश औरत भी जनाज़े को काँधा दे सकती"
हर क़दम ज़ंजीर मालूम हो रहा है और
मेरा दिल तह करके रख दिया
गया है—शोर मुझे लहूलुहान कर रहा है—मैं
अपनी क़ैद काट रही हूँ और इस क़ैद में
कभी हाथ काट कर फेंक देती हूँ—कभी
आवाज़ काट-काट कर फेंक रही हूँ
मेरा दिल दलदल में रहनेवाला कीड़ा है और मैं क़ब्र से
धुतकारी हुई लाश—
सड़ाँध ही सड़ाँध से मेरी आँखों का
ज़ायक़ा बदरूह हो रहा है
और मैं इन्सान की पहली और आखिरी गलती पर दुम हिलाये
भौंकती चली जा रही हूँ
मैं जब इन्सान थी तो चोर की आस तक न थी मैं
आँखों में सलीब और दिल में अपनी लाश
लिये फिरती हूँ
सच्चाइयों के ज़हर से मरी हूँ

---

1. मूर्ति 2. लज्जा

लेकिन दुनिया गोरकन[1] को ढूँढ़ने गई हुई है
वो मुझे आबाद करता है और आबाद कहता है
मैं हरी भरी प्यास से ज़रख़ेज़[2] हो जाती हूँ
और फूलों को मिट्टी में दफ़नाने लगती हूँ
दर्द मेरे अज़दहे[3] का नाम है
और साँप की भूक मेरा घर है
पनाहगाहों की छाँओं मुझे काट रही है
और मेरे गँदले लहू में काग़ज़ की नाव
चल फिर रही है
और मैं नाव को आँखों में सुला देना
चाहती हूँ कि ये नाव काग़ज़ की नाव मेरे बच्चों
की नाव है

---

1. क़ब्र खोदने वाला 2. उर्वरा 3. अजगर

वक़्त और हँसी कम है

देखते ही देखते कश्ती ज़मीन से जा मिली
अभी तो और समुन्दर ढोना था
रात बहुत तड़पी ज़मीन पे मैं
माँ ख़ामोशी से बैठी बुझ रही थी
ज़िन्दगी के हाथ पीले कर ही दूँ, क्या भरोसा इस कुड़ी का
मैं भी तो रंग रंग उड़ती फिरी ख़लाओं में
आँख घुट के रह गयी है
मौत क़हक़हा लगाना चाहती है
लेकिन मेरे पास वक़्त और हँसी कम है
बदन से दिल उखड़ गया है
बेख़बरी ठण्डे क़दम चलने लगी है
और वो बाल खोले मुझे बुला रही है

आँखें साँस ले रही हैं

अगर उँगली काट के सवाल पूछा जाएगा
तो जवाब बे पोर होगा
घर आओ! देखो इन्सान और लहू आमने सामने खड़े हैं
क्या जवाब दें तुम्हें ये निचुड़ी दीवारें
जिनकी ईंटें ज़मीन के अन्दर दफ़न हो चुकी हैं
तन्हाइयों की नोकें मेरे आज़ा[1] में पेवस्त कर दी गई हैं
फिर भी कहते हो, आओ बाग़ को चलो
मैं अपनी आँखों पे ज़िन्दा हूँ
मेरे लब पत्थर हो चुके हैं
और किसी संगतराश ने इनका मुजस्सिमा
किसी पहाड़ की चोटी पर नस्ब कर दिया है
मैं लहू से बेगानी हूँ

मेरे जज़्बे अपाहिज कर दिए गए हैं
मैं मुकम्मल गुफ़्तुगू नहीं कर सकती
मैं मुकम्मल उधार हूँ
मेरी क़ब्र के चिराग़ों से हाथ तापने वालो!
ठिठुरे वक़्त पर एक दिन मैं भी काँपी थी

काश आँखें आवाज़ होतीं
ज़ंग की धार मेरे लहू में रच रही है
बताओ : थोड़े फूल दोगे

1. शरीर के अंग

तेवर ज़ंग आलूद[1] हो चुके हैं
मैंने किसी से शायद वादा कर लिया था
मुस्कुराहट हँसेगी तो आँखें हँसेंगी
ये लफ़्ज़ खिड़की का पर्दा हुए
लेकिन दीवार का पर्दा न हो सके
रफ़्ता-रफ़्ता[2] पत्थर मेरी गर्दन तक आ पहुँचे हैं
डर है कहीं मेरी आवाज़ पत्थर न हो जाए
यहाँ तो रोज़ मुझे मेरी क़ब्र से उखाड़ा जाता है
कि लोग मेरी ज़िन्दगी के गुनाह गिन सकें
यहाँ तो मेरे लहू की बूँद-बूँद को रँगा जा रहा है
लोगों की पोरें अंगारा हो रही हैं
मैं किससे हाथ मिलाऊँ
कि मेरी याद के साथ हर हर दिल में
एक पत्थर नस्ब कर दिया गया है

मैंने नहीं कहा था
"सूरज हमेशा मेरे कपड़ों का रंग चुरा ले जाता है"
मेरे क़दम मुझे वापस कर दो
ये उधार महँगा है
मेरी दुकान छोटी है
जाने कौन सी सड़क पे हम दौड़े थे
मैं पूरी मिट्टी में छुप गई
और तुम मिट्टी पे पानी छिड़का के
सोंधी सोंधी खुशबू अपने जज़्बे में लिये
अपनी ज़िन्दगी के दिन बढ़ा रहे हो...
देख तेरा चाँद पत्थर पे लुढ़क आया है
अब कौन से चाँद को देखकर
लोग दुआएँ माँगेंगे
मेरा कफ़न ज़हरीले धागों से सिया जा रहा है

---

1. जंग लगा हुआ 2. धीरे-धीरे

और तुम कहते हो
सफ़ेद लिबास में तुम कितनी अच्छी लगती हो...
मेरे मक़बरे पे थूकने वाले
जब कोरे कागज़ को आग रँगती है
मुझे क्यों भूल जाते हो...
जब अंगारे शाख़ों को याद करते हैं
तो तुम अपने आतिशदान रोशन कर लेते हो...
देख मैं मिट्टी में सिमटी जा रही हूँ
फिर तुझसे हाथ मिलाने की ख़्वाहिश आँखों तक आ जाएगी

तुम मिट्टी उखाड़ोगे
एक परिन्दे की लाश निकलेगी
जिसे किसी बच्चे ने इन्तहाई मुहब्बत से दफ़न किया होगा
तुम फिर मिट्टी उखाड़ोगे
मैं मिट्टी में लेटी एक दिन तुम्हें मिल जाऊँगी
और तुम्हें अपनी आँखों में दफ़न कर लूँगी
तुम फिर मिट्टी उखाड़ोगे
और मिट्टी की लकीर कभी भी नहीं मरती
शाख़ों को काँधा देखे हुए लोग
मेरे सफ़ेद लिबास पे फूल रखने वाले लोग
मेरे आज़ा में काँधा बदल रहे हैं
मेरे लहू में दौड़ने वाले
तेरे क़दम फिसल रहे हैं
शायद ज़मीन दो शाख़ा हो गई है
"या दुःख और सुख में हमारी आवाज़ रंग दी गई है"
मैं आहिस्ता देखा करूँगी
कि वक़्त की पेशानी के तेवर गिन सकूँ
मैं आहिस्ता सोया करूँगी
कि नींद मेरी ज़िन्दगी को भगा कर न ले जाए
मैं आहिस्ता रोया करूँगी

कि आँसू और आवाज़ इन्सान को मकरूह[1] न कर सकें

मैं मिट्टी पे आहिस्ता क़दम रखूँगी
कि मिट्टी में मेरे दुख पेवस्त न हो सकें
काश इन्तक़ाल करने से पहले
मैं अपना दिल कहीं बो सकती
खुदा ने काश आज़ा बोने की इजाज़त दी होती
शायद मैं अपना दिल कहीं बो चुकी हूँ
सीना मुहब्बत करने वालों की पहले क़ब्रें तैयार करता है
फिर एक दूसरे के सीने में
खुदी हुई क़ब्र में दफ़न कर दिए जाते हैं
आँखों के अस्बाब[2] किसी क़ुली को थमा दिए जाते हैं
चौराहे पे बनाए हुए मुजस्सिमें को नज़रअन्दाज़ करते हुए
उन्हें क्या ख़बर
जिसका मुजस्सिमा नस्ब कर दिया गया है
वो ज़िन्दा है या मुर्दा
मैंने दरवाज़े को निगाह किया
दरवाज़े ने मुझे निगाह किया
घर से मत जाना
आज हवाओं को दरअसल पागल कुत्ते ने काट लिया है
मुसाफ़िरों से अपनी सारी ज़िन्दगी की बातें मत करो
जाने कौन से संगेमील पे मैं पलक झपक जाऊँ
''मेरे आँगन में जितनी धूप थी
उससे मैंने तुम्हारे कपड़े सुखा दिए''
मेरा घर पानियों से बना दो
कि रवानी मेरी रूह है
आज मैं तुमसे नंगी बातें करूँगी
कि मेरे बचपन के लिबास छोटे हो गए हैं

---

1. अपवित्र 2. सामान

बदन से पूरी आँख है मेरी

जाओ जानमाज़[1] से अपनी पसन्द की दुआ उठा लो
हर रंग की दुआ मैं माँग चुकी
बाग़बाँ दिल का बीज तेरे पास भी न होगा
देख धुएँ में आग कैसे लगती है
मेरे पेरहन[2] की तपिश मिट्टी कैसे जलाती है
बदन से पूरी आँख है मेरी
निगाह जोतने की ज़रूरत ही क्या पड़ी है
मेरी बारिशों के तीन रंग हैं
टूटी कमान पे एक निशान ख़ता[3] का पड़ा है
हम चाहें तो सूरज हमारी रोटी पकाए
और हम सूरज को तन्दूर करें
फ़ैसला चुका दिया ख़ता अपनी भूल गए
नज़्र करने[4] आए थे चुटकी भर आँख
आँख तेरी गलियों में तो बाज़ार हैं
ज़मीन आँख छोड़ कर समुन्दर में सो रही
जंगल तो सिर्फ तलाश है
घर तो कायनात[5] के पिछवाड़े ही रह गया
शिकार कमान में फँस-फँस कर मरा
तुम कैसे शिकारी
आँखें तेवरों से जल रही हैं
जिस्म ज़िन्दगी की मुलाज़मत में है

---

1. वो स्वच्छ कपड़ा जिस पर नमाज़ पढ़ी जाती है 2. लिबास 3. गलती 4. भेंट देने 5. सृष्टि

तन्हाई कशकोल है
हमने आँखों से शमशीर खींची
और रुख़सत की तस्वीर बनाई
रात गोद में सुलाई
और चाँद का जूता बनवाया
हमने राह में अपने पैरों को जना

रस्सियाँ!

वो तन्हाई से बहुत ख़ौफ़ज़दा[1] थी!
और घर के कोने खुदरों में उसके जज़्बे पड़े थे
वो अपने आप से बिछड़ी बिछड़ी बान की चारपाई पर कसी
पड़ी थी
उसके कपड़ों पे रस्सियों के लम्स पेवस्त हो रहे थे
और वो रस्सियों को करवट दे रही थी
वो अपने क़दमों की पाँयेंती से उलझ रही थी
बान की आवाज़ उसके कोरे बदन में शामिल होके उसे गिनने
लगी
वो आँखों और हाथों की तन्हाई को बड़ी तन्हाई से देखने
लगी
इन्सानों की हुजूमदार आँखों ने उसे कंचों की दुकान समझ
रखा था
और वो रस्सियों को करवट दे रही थी
अब वो दीवार के कोने से निकलना चाहती थी उसने एक
जूतियों भरी करवट ली
नींद के फन्दों से आज़ाद करवट
वो अपनी क़ैद भरी जूती को देखने लगी
जो किसी भी दुकान से महँगी थी—रोज़ इस महँगी रात में
आग उसको सस्ती पड़ रही थी
और महँगी तन्हाई को वो सस्ता नहीं
कर पा रही थी

---

1. भयभीत

कि जज़्बे घर के कोने खुदरों से उसे झाँक रहे थे
टाट के पर्दे को कभी-कभी हवा झाँककर चली जाती तो उसका
आसमान रस्सियों पर आन गिरता
रात की लम्बी चादर सुबह होते ही कफ़न जितनी लम्बी हो
जाएगी! वो कहती रही मगर जाने किससे, और
क्या–
उसने बान की चारपाई से एक लम्बी रस्सी निकाली तो रस्सी
इतनी लम्बी निकली कि चारपाई में सिर्फ अदवान
रह गई
अब अदवान, रस्सी और वो अपनी अपनी तन्हाइयों में चुप थीं
कि तन्हाई को वो और तन्हाई उसे गुनगुनाने लगी तो उसने
अपने तन्हा हाथों से कहा!
सियाह वक़्त के बाद चिराग़ को फूँकना लाज़मी होता है!
कि धूप के गीतों को वो अपने कपड़ों की रस्सियों से कस दे
ता आँके[1] धूप की आवाज़ को तन्हा कर सके

रात के ज़िन्दा पर अभी फड़फड़ा ही रहे थे कि
वो पाँयेंती पे रस्सी की तरह लेट गई
दोनों रस्सियाँ जब एक हुईं चिराग़ की ज़बान को दोहरा
कर गईं
रस्सियाँ चिराग़ से ज़्यादा सच्ची निकलीं कि अपना तन्हा बदन
नहीं भूलीं थीं

दोनों रस्सियाँ अपनी-अपनी तन्हाई से उठीं!
और तन्हाई को बड़ी तन्हाई से देखने लगीं

---

1. यहाँ तक कि

नींद जूठा पानी हुई

हम धूप की तमन्ना में ठिठुरे हुए थे
कि सूरज के नेज़ों पे
हमारी सुबह होती है
हम किस दुःख से
अपने मकान फ़रोख़्त करते हैं
और भूक के लिए च्योंटी-भर आटा ख़रीदते हैं
हमें बन्द कमरों में
क्यों पिरो दिया गया है
एक दिन की उम्र वाले
तो अभी दरवाज़ा ताक रहे हैं
हम आईनों में दफ़न हो चुके हैं
हमारी आवाज़ें ज़ख़्मी कर दी गई हैं
हमें झूठी चाल के लिए
झूठी ज़मीन पे चलने की दावत हैं
हमारे लिबास दफ़न करके
हमें शर्म के हवाले कर दिया गया है
हम अपने बदन के गुनाह
अपनी ही आँखों से चुन रहे हैं
जैसे साकित स्टेशन पर
साकित गाड़ी खड़ी हो
और हमारे सफ़र ख़त्म हो चुके हों
दिल जिस्म के सारे आज़ा चाहता है
आँखों पे कुएँ जारी करने का हुक्म

सादिर[1] हो चुका है
मैं अपनी क़ब्र को
साँस लेते हुए देख रही हूँ
दरिया समुन्दर से आँख मिचौली खेलते हुए
अपने हाथ कटवा लेता है
और खुदी ज़मीन सूखी हो जाने के ग़म में
खेतों का मिज़ाज बरहम[2] कर देती है
हाथ तापने की क़सम खाई थी
और आग में पिरो दिए गए
और गलियाँ जब क़सम खाती हैं
इन्हें चौराहों में पिरो दिया जाता है
पलड़ों पे रखे हुए पत्थर भी तुलते हैं
और दूसरे पलड़े पर
फूल तोले जा रहे हैं
नौकरी करने के शौक़ में
ज़िन्दगी की तनख़्वाह चाहते हैं
हम कैसे रहन रखे गए ज़मीनों पर
कि तुम हमें
साँस के लौट आने की मोहलत तक न दो
और पूछो तुम्हारे कपड़े ज़िन्दा हैं
और गाड़ के सफ़ेद परचम[3] जमीनों पर
किसी भी वतन की निशानदही न करो

वो आँसू जो मेरे मरने के बाद
मेरे दामन को तर करें
उन्हें उन्हीं आँखों में रहने देना
ये आँखें हैं कि ज़ख़्म
रात परिन्दा हुई
नींद झूठा पानी हुई

---

1. प्रस्तुत 2. क्रोधित 3. पताका

कुँवारे समुन्दर का जोड़ न कोई
चिराग़ तले रात है या हाथ किसी का
बाँसुरी में अटकी आवाज़
सन्नाटों की चहलक़दमी
रेत पर चलती हवाएँ
साँपों की शबीहें[1] बनाईं
और पेड़ों ने अपनी छाँव
सूरज के हवाले से नापी
हमने अपनी छाँव अपने दिल से नापी
चाँद आसमान पे आँखें मूँदे
नाबीना[2] की झोली देखता है
एक दिन एक बात कही थी मैंने
आँसू हो तो आँखों जैसा
इस चलते फिरते सूरज ने भी
लो हमारी उम्र पे आँख मारी
बन्द हाथों का गहना मुट्ठी
तंग गलियों में दौड़ते क़दम
अपने एक पाँव के साथ
गन्दी नाली बाँध लेते हैं
और बाग़बान कुल्हाड़ा लिए
सुब्हे सादिक[3] से गुलशन में ख़ाक खोदता है

जिस तरह समुन्दर में दरिया ढूँढ़ना मुश्किल है
इसी तरह हम शाख़ पर खिले
फूलों की पूरी पैदाइश से ग़ाफ़िल हैं
रोटी पर ख़त्म हो जाने वाली ज़िन्दगी
तितलियों को फूल से
बाँध आने की सी आदत है
रफ़्ता रफ़्ता दहलीज़ें

1. आकृतियाँ 2. दृष्टिहीन 3. सूर्योदय की वेला

मेरे पाँव छोटी करती जा रही हैं
रफ़्ता रफ़्ता आँखें
अपने ही दिल में गड़ी जा रही हैं
जुनून के बादबानों में
चन्द शाखें काट कर बहा दी गई हैं
जिनकी बहारें मुर्दा ज़मीन पर
बे बस हो चुकी हैं

मेरे चलने पे
ज़मीन ने सदा लगाना छोड़ दी है
मेरे पाँव काट के
घुटने लगा दिए गए हैं
मैं ख़ला में गुम हो जाने वाला
शोला नहीं बनना चाहती
मेरी मिट्टी में
मेरी रूह को तिश्ना[1] किया जा रहा है
आईने पानियों के साथ थम गए
आदमी अपना चेहरा देखने से मुहताज हो गया
इसलिए दूसरे चेहरे पर
अपने ज़ाविये[2] बनाता चला जा रहा है
क़ब्रों पर फैली छाँव
पेड़ों को उदास किए हुए है
कि वतन तो मेरा महकार बाँटना था
लफ़्ज़ जैसे किसी ने ज़बान से नोचकर
किसी सूखे कुएँ में बन्द कर दिए हों
हवाएँ सिर्फ़ चीज़ों की आवाज़ें हैं
अब मुन्तज़िर[3] को
मेरे पहुँचने तक का हौसला रखना चाहिए

1. प्यासा 2. कोण 3. प्रतीक्षा करने वाला

इन्सानी गारे

मुस्कुराहट कितने चेहरे रखती है
लगनों में तो ख़ाली मिट्टी है
मेरे नमक का अन्दाज़ा कैसे होगा
देखने से कच्ची पक्की हो जाती हूँ
घर नापती हूँ तो ईंट हाथ आती है

इन्सानी गारे को तरतीब देते देते
हरामज़ादी हो गई हूँ
लफ़्ज़ं-मारी को कहीं न कहीं तो पहुँचना ही होता है
क्या दोपट्टे के पाताल में मैं मौजूद नहीं
मैं जन्म के दिन भी नंगी थी
ज़िन्दगी बार-बार बच्चे नहीं जनती
जो सुलूक के पत्थर चबाती रहती
बस जिस करवट जितनी चादर आ गई

नींद के ये दो मोती
काले भी तो पड़ सकते हैं
फिर शाम डूबे सूरज से क्या कहना
क्या क़ैदख़ानों में
सूरज की तलाशी ख़त्म हो जाती है
ये दिन में घूमने वाले
मेरी रात कैसे बन बैठे
बिखरी हुई आँखों वाले

लेकिन उनकी आँखों के गोदाम में
मेरे जैसे बेशुमार गन्दुम हैं
भूक की निय्यत ज़ख़ीरा करने से तो रहे
आग के हाथ पर
कोई न कोई चीज़ तो ज़रूर होती है
तो फिर सवाब[1] तौबा के हवाले कर दूँ
मेरें इश्क़ मेरे बुत
सिर्फ़ दुआओं के लिए तो न थे
मैंने कुछ और माँगा और फिर कुछ और
आँख होकर रह गई हूँ
इन्सानों की नज़र ऐसे ही लगती है
अपनी आँख के पास रहने से
क्या औरत आवारा होती है
क्या मन्दिरों की आवाज़ों पर जागा नहीं करते
क्या मस्जिद की ईंट चुराई नहीं जा सकती
इतनी तो दयानती[2] है मुझमें
कोई नज़र आए तो सजदा करती हूँ
भला आँचल का सजदे से क्या ताअल्लुक़
कहते हैं आँखों के शोर में क्या लिखती है
लिख क्या रही हूँ मैं तो चल रही हूँ
ये गदले लोग कँवल रखना नहीं जानते
बस मूरत सी हँसी में दफ़न हैं
पानियों के मुक़द्दर में भँवर होता है
औरत के मुक़द्दर में एक के बाद दूसरी चादर

ज़मीन का साहिल नहीं होता
मैं तो चलते चलते मिट्टी को हामिला[3] कर दूँगी
फिर भी कोरी रह जाऊँगी
काश! मुझे कोई लिखता

1. पुण्य 2. ईमानदारी 3. गर्भवती

ये ठाठें मारते बन्दे
समुन्दर से ज़्यादा हो सकते थे
लहू की सात पुश्तें तो कोई चेहरा नहीं रखतीं
मैंने ख़ामोश चाँद कभी नहीं देखा
न इन्सान के साहिल पर न ज़मीन के साहिल पर
किसी रोज़ इस जिस्म की बारगाह[1] से निकल जाऊँगी
कौन माँगे तौबा से इन्साफ़
हम सब रहम के सैलाब में मारे गए
और जिस्म की सलीब पर चढ़ाए गए
दो आँखें दो क़दम एक ज़बान कैसे रखते
समझते हैं बहा देंगे मुझे ये
कंकरों में जैसे मैंने उन्हें सहा न हो
ये सारा का क़ैदख़ाना है
तुम्हारे खुदा की दुआ नहीं
जिसे अर्श से ठिरने का डर हो
यहाँ सर झुकाने वाले से
दार को महफ़ूज़ रखा जाता है
यहाँ मेरी आँखें बच्चे नहीं जनतीं
न हँसी से गिरो न आँख से हटो
न क़दम से हटो
अपने अपने अज़ाब मुझे सुना दो
मैं आँखों को लाठियों से नहीं हाँकती
मेरी क़ैद चाँद सूरज फेंक चुकी है
और तुम्हारी आज़ादी ज़ंजीरों की सदा है
ग़ाफ़िल आज़ाद है और सहल
पत्थरों में डूब गए
मैं बँटी हुई रस्सी नहीं
बेलौस[2] झाड़ी सही
तमाशे मेरी आँखों के मैदानों में हुए

1. राजसभा 2. निःस्वार्थ

धूल और फिर कश्कोल में
माँगी जाने वाली दुआएँ
घर से डरी हुई औरत
कहीं न कहीं तो चलती है
ख़्वाह पेड़ काटे या उम्र

ये कौन लोग हैं जो आग को
मिट्टी से छोटा समझ रहे हैं
सिक्कों की आवाज़ें मैंने क्यों गिनी थीं
मौत का एतबार नहीं आवाज़ मुझे देते हो
आँखों की पैमाइश संगेमील से करते हो
अपने सोग में ज़बान खोल रही हूँ
मेरी मुँडेर से रात और सूरज
इकट्ठे उड़ गए हैं
अपने हाथ में चुन .दी गई हूँ
हाथ मिलाते ही गिर जाती हूँ
क़दम को मिट्टी की फाँसी दूँ
आँख ख़ामोश हो नहीं सकती
जिस्म की तनख़्वाह मिलती नहीं
भूक की लौंडी को आज़ाद कर नहीं सकती
दिल की ज़बान थूक नहीं सकती
हाथ अकेले पिकनिक मनाते नहीं
हँसी मज़ाक़ छोड़ती नहीं

मुरव्वत[1] हाथों में चुटकी बजाती रहती है
सब्र आग धोता नहीं
इन्सान तो कुएँ से लौट आने वाली आवाज़ है
फिर तो धज्जियों में तिरूपे लगाए नहीं जा सकते
मैं कोई समुन्दर की सौतेली बहन थी

1. शीलसंकोच, लिहाज़

जो मेरे लिए लिबास रखा गया
और मेरी चाल में गाली रखी गई
दुःख की डोली उठाने वाले
क्या घूँघट में क़ैद हो गए
शाम से वक़्फ़े में हाथ जोड़े
फिर रात दिन के हाथों मारा गया
और डूबता सूरज सुबह होते ही
मेरे..................से उड़ गया
मैं दिन भर रोती और रात भर हँसती

मेरी आग की कई ज़बानें थीं
अनाज की मैं पहली क़िसम थी
सो इन्सान की क़सम खा सकती थी
मैंने हाथ से वादे फेंक दिए
और आँख जंगल में चुराई
मेरी आग कूड़े करकट से दुखने लगी है
तुम्हारे पास दरियां हो तो प्यास का वादा मैं करती हूँ
रात एक दुआ
कश्कोल में गिरी तो रेज़गारी बिखर गई
मौत को मेरा ज़ायक़ा पड़ जाता
तो कपड़े कभी न धोती
लेकिन मुझे गिन लो तो अच्छा है
ताकि तुम्हारा कश्कोल पूरा हो जाए
अब तो आँख बुरी लगती है
मैंने उसे गोद लिया था
ये मेरी रानों तक फिसल गई
आँख ख़ोरी के कितने कंचे खेलूँ
क़ैद में सिर्फ़ सलाखों की हँसी गूँजती है

काँटे पे कोई मौसम नहीं आता

सात सितारे मैं गिन चुकी थी
और आठवीं रात का चाँद मर गया था
फ़क़ीर के सिक्के ज़मीन पर गिरते ही
मैं कश्कोल जितनी बड़ी हो गई
अठन्नी मैं चुरा रही थी
कि अठन्नी मुझे चुरा रही थी
अब हमारी गुल्लक इतनी भर चुकी थी
कि उसमें झंकार पैदा नहीं होती थी
मेरा बाप अकसर औरत चुराता
और अपने बच्चे हार जाता
माँ के जीने के लिए
बच्चे काफ़ी नहीं होते
मैंने फूल खरीदने वाला देख लिया
माँ ने घूँघट निकाला
तो मैंने चौदह फूल गिने
और बाप से मिलते जुलते
आदमी के पहलू में जा सोई
मेरी ज़ुल्फ़ें रात जितनी दराज़ हो गईं
मेरे क़दमों से आवाज़ आई
मेरे हाथों में इकन्नी की तरह रहो

मेरे हाथों से बच्चे जाते रहे
मैं बिस्तर पर गड़ी रही

वो मुझसे खेलता रहा
मैंने ख़ाली आँखों से आसमान देखा
और सारी ख़ुदाई समझ गई
मेरा शौहर अब मेरा आखिरी बच्चा था

बे ईंटों की दीवार से मेरे भाई ने झाँका था
और उसकी साँसों में चाँद फँस गया था
लेकिन!
मेरी सात साला उम्र के पास कोई हैरत न थी
मेरी दुआएँ मुझसे अलावा थीं
मैं खुदा से जिस्म के अलावा कुछ माँग रही थी
हालाँकि मेरा साया
हमेशा मिट्टी से सैराब रहता था
मैंने इन्सान और मिट्टी को
हमेशा मुख़्तलिफ़ रंगों में देखा
मेरी आँखें कभी फ़रार नहीं हुईं
आँखें न बहन रखती हैं और न बेटा
पहाड़ भी मिट्टी है!!
लेकिन हमारी मौज साहिलों से भी टकराती है
मैं पहुँचती थी ज़िन्दगी की मौज तक
रात की आख़िरी चीख़ मिट्टी में रहने लगी
तो मजाज़ी[1] मेरे घर के चिराग़ की तरफ़ बढ़ा
मेरा चिराग़ दीवार शिकन[2] है
आँख फ़रोशी करनी है तो अपनी बेटी के साथ
मगर एक पेड़ का साया भी तो एक ही होता है
मुहब्बत है तो मेरी माँ की आँखें
मुझसे अलग क्यों हों
मिट्टी की सदा अगर मौसम है
तो मैं क्यों न बाप के कपड़े उतार दूँ

1. जो यथार्थ न हो 2. दीवार तोड़ने वाला

टूटे चाँद की चाँदनी नहीं होती
इसी तरह हम आधे लिबास में जीते हैं
दिन में गुम हो जाने वाले चाँद के दिन
मेरे बच्चे मुझसे छीन ले गए
तो मैं बग़ैर आसमान के ज़मीन पर बैठी थी
आसमान सितारों से रोता
मजाज़ी ने क़ुरान उठाया
चन्द दिन बच्चा मेरा!
मैंने ये देखने के लिए कि क़ुरआन क्या है!!
एतबार किया!
मैं बच्चे के आँसुओं की तरह हो गई
और अभी तक आँखों की तरह हूँ
और अभी तक मुसलमान हूँ!
ज़िन्दगी की छाँव में कोई सूरज नहीं है
दरिया समुन्दर बन जाता है मेरा नहीं बनता
नींद आँखों से भर गई है
मेरी माँ मेरे जन्मदिन पर आँखें जलाती है
मैं हाथों से गिरी हुई दुआ हूँ
मेरे चिराग़ से लोग ईंट माँगते हैं
मेरी आँखों में
हाथों का दुःख जम कर रह गया है
खोटी ज़मीन नज़र आती है
लेकिन मैं छाँव नहीं बो सकती
मैं आख़िरी हद तक
इन्सान की गवाही देती हूँ
मजाज़ी औलाद देखता!
और मैं औलाद के अलावा भी
इन्सानों में फँसी हुई हूँ
फिर हर अपाहिज बच्चा मेरा ही बच्चा तो है
फिर मैं ज़हनी अपाहिज बच्चों से मुहब्बत न करूँ

मुझे आँखों में सजने की ज़रूरत नहीं
ये परिन्दों को रटने वाले लोग
मेरे एक लम्हे की ख़ैरात हैं
ये इतने छोटे लोग हैं
कि अपनी बीवियों की...में मर जाते हैं
समुन्दर होने के लिए जिस्म के दरिया से गुज़रना पड़ता है
मैं सिमटी हुई उँगलियों का इन्सान नहीं चाहती
दीवार पर धूप जम जाए
तो कपड़े सुखाने ही पड़ते हैं
मैंने माँ को आख़िरी निगाह से देखा
बिन मौसम की शाख़ जलाई
और मिट्टी का क़द नापा
मैं एक मुकम्मल इन्सान नहीं थी
इन्सान की आँखें हमेशा कुँवारी रहती हैं
सो मैं अपनी रातों का शुमार नहीं कर सकती
राख कितने मौसम रखती है—
पचास रंगों के लिबासों पे टाँके लगाती
शाम पर सूरज का पहरा अच्छा न लगा
मैंने रात की चादर में सूरज की दुआ माँगी

मुहब्बतों के दरवाज़े पर आहट रहती है
जिस दिन मेरे हाथ तीन हुए थे
मेरे आँचल पर सुकूँ का पहरा था
मुझे हामिला आँचल की क़सम
मैं ईंटों का मकान हो गई थी
फिर भी मैदान एक कुटिया की ख़्वाहिश रखता
मैं एक क़दम की क़सम
खा सकती थी किसी तेरे क़दम के लिए
ज़मीन इनकार की सूरत हाथ आई
हम लिबास का रंग जानते थे

जिस्म का रंग भूल चुके थे
शामों में दोपहर नज़र आई
जैसे एक कमरे में हमने चिराग़ बाँट रखा हो
उसकी आँखों का रंग फीका पड़ता
तो मैं समुन्दर से सूरज निकाल फेंकती
उसकी शर्मिन्दगी मुझे निगल रही थी
हया में, मैं फँस गई थी
हम दोनों में कभी इन्सानी मुकालमा[1] नहीं हुआ
वो फुटपाथ से डरा हुआ था
हम चिराग़ की हदों तक साथ साथ थे

सीढ़ियों में ही मैं अपने क़दम भूल आई
सरगोशियों का मैं लिबास पहने हुए थी
कि बग़ैर क़ब्र के कत्बे[2] को मैंने पढ़ा!
मिट्टी माँ कहती थी
बग़ैर कफ़न के मैं माँ नहीं बनती
तो फिर मैं बेकफ़न बच्चे की माँ बन गई
देखना! मेरा मज़हब हो गया
घर किसी छाँव में नहीं होता
और लहू की सदा नहीं होती
गलियाँ बेक़दम हो जाती हैं
वो लफ़्ज़ फ़रोश सा शख़्स
मेरे क़दमों को जगा गया
जुड़वाँ आँखों ने कब जन्म लिया
हमारा दर्द कौन सा इकट्ठा था
हम हाथों में ज़रूरत रखते
हम नंगों के पास एक ही चादर थी
सो माँ ने पैदा होने वाले
बच्चे का नाम राज़ रखा

1. संवाद 2. शिलालेख

समुन्दर की बेदारी मिट्टी की ख़ामोशी ने भाँप ली
हर शख़्स अपने लिए एक कमरा रख छोड़ता है
अपने तीसरे क़दम की ख़्वाहिश
इन्सान अपनी तन्हाइयों में भी नहीं दोहराता
हालाँकि इन्सान रहता ही तीसरे क़दम में है...

मुझे शौहर की मुफ़लिस[1] निगाहों से
एक लिबास की उम्मीद रहती
क्योंकि!
मुझे ख़बर थी कि मैं एक नंगी बीवी हूँ...
नंगी न होती तो बेकफ़न बच्चे की माँ कैसे होती
ज़मीन से हटूँ तो तुम्हारी तरफ़ आऊँ
आलिम[2] इतना कि किताबों में दफ़न था
उससे बात करने के लिए
मुझे उसे क़ब्र से निकालना पड़ता

चवन्नी, अठन्नी मेरे इन्कारो-इक़रार थे
हम दोनों लेटे थे
कि एहसास हुआ हमारे नीचे बिछी चादर मर गई है...
पेड़ का साया मुझसे हमकलाम[3] हुआ
तेरा मर्द छाँव से छोटा है
सात पाई को टॉस करते हुए, बोलती कम हो!
हाँ खोटा सिक्का चल गया है
मैंने आँचल हवा के हाथ से छुड़ाया
कमरा अकेला है और इन्सान का दर्द शदीद[4] है

मैंने मुर्दा बच्चे से पहली बात की!
तेरे बाप ने आज तक ऐसा शेर नहीं कहा
जिसे तेरा कफ़न कहती

1. निर्धन 2. विद्वान 3. सम्बोधित 4. तीव्र

पैदाइश और मौत के एक घण्टे बाद
मेरे पास पाँच रुपये और मुर्दा बच्चा था
लाशा सिक्कों के एवज़[1] रखा
जन्म के सिक्के तो मिल गए मौत का सिक्का न मिला
सवाब कमाओ!
और इस बच्चे की क़ब्र कहीं भी बना दो
इसकी असल क़ब्र तो मेरे मन में है
मैं क़दम क़दम घर पहुँची!

कफ़न आँखों के थान बढ़ा गया
जिस फ़र्द को देखती क़ब्र की बू आती...
अफ़सोस! मर्द न जान सका उसके नुतफ़े की क़ब्र
कौन सी है
मैं गुनाह और सवाब में रँगी बातें करती
और एक एक मर्द से पूछती, कफ़न कैसा होता है!!
तो मेरे पिस्तानों[2] से मुर्दा दूध बहने लगता
क्या... की माँ भी कफ़न ढूँढ़ रही है
मुर्दा आँखों की गवाही पर मैं अपने आप को रखती
फिर मर्द भौंका, तुमने 'मैं नंगी चंगी'[3] लिक्खी है
फिर अपनी रात में हमारी चादर क्यों नहीं बिछातीं
और लोग अपाहिज लफ़्ज़ से तकिया करते
मेरे मासूम ने
शर्म के अलावा औरत नहीं देखी थी
हर नौजवान और बूढ़ा पत्ता
मेरे लिए ख़ास मौसम रखता
मैं मिट्टी सारे मौसम जान चुकी थी
तलाश सिर्फ़ कफ़न की थी!
जंगल चिराग़ों से नहीं बसता
और न रात से कोई मरता है

1. बदले में 2. स्तनों 3. सारा शगुफ़्ता की एक कविता

हँसी में इन्सान दफ़न होने लगे
तो चाँद आसमान सा बैन रखता है
मैं ठहरी मिट्टी का कफ़न!
माँ ज़मीन से दूर निकल आई
आवाज़ में इन्सान गूँज गया
सो मैं जंगल न जा सकी
समुन्दर के क़दम मेरे क़दमों से आन मिले
और चाँद में आँखें सुखाती रही
मैं ख़्वाब से कपड़े पहनती
और जागते में लुट जाती
मेरे गूँगे बदन ने इशारों का लिबास पहन लिया
वक़्त के लिए मैं अपने दोस्तों की दाई थी
ये मुझसे...के लिए मुझी से अठन्नी तलब करते
कौन सी लड़कियाँ जाग गई हैं
जो जन्म दिन के बाद कुँवारी हो जाती हैं
उनकी कोख से क़ैद जन्म लेती है और दार से घूँघट निकालती है
पी गया दूध साँप
आँखों की मेहँदी रचाओ
नहीं तो तुम्हारे बच्चे बेकफ़न रह जाएँगे
मैंने लिबास फ़रोख़्त कर दिया है
कल तुम्हारे पास दोपट्टे न हों,
तो समझ लेना मेरे पास पूरा लिबास न था
बदन की गवाही पर मत रहना!
आँखों में बस रहना!
क़ब्र बन जाना!
कि आज़ादी की ख़ाक होना बेहतर...
यूँ हमने एक ग़ैरतमन्द...तराशा!
सच पूछो तो फूल कितनी अज़िय्यत[1] में है
काँटे पर कोई मौसम नहीं आता

1. यातना

●●●